AF193189

Círculo Rojo
EDITORIAL

Chibok

Chibok

I M

Círculo Rojo
EDITORIAL

Primera edición: octubre 2024

Depósito legal: AL 2577-2024

ISBN: 978-84-1082-749-3

Impresión y producción: Editorial Círculo Rojo

© Del texto: I M
© Maquetación y diseño: Equipo de Editorial Círculo Rojo

Editorial Círculo Rojo

www.editorialcirculorojo.com

info@editorialcirculorojo.com

Impreso en España - Printed in Spain

¿Qué empuja a la vida a abrirse paso?

*Aun en las situaciones más adversas, los seres vivos se agarran
con vehemencia al fenómeno de existir.*

*¿Qué fuerza invisible e inexplicable nos llama a vivir tan
desesperadamente?*

*¿Será Dios esa fuerza tan ajena y desconocida para nosotros,
tan intrínseca en nuestro ser?*

AGRADECIMIENTOS

A Paco y Maruja; mis padres, por acogerme,
quererme y criarme con tanto amor.

A mi madre , por ser la luz en la oscuridad.

A Veva y David por todo, desde el primer minuto.

A Jota Obrero por su música.

A David, mi querido amigo.

Y a mi familia, por su incansable lucha.

Índice

1.
El 14 de abril de 2014

No pudimos reaccionar. Solo se escuchó un gran estruendo, seguido de una especie de sonido de petardos, gritos; pero no logré distinguir si eran de alegría. Al final, una gran humareda.

Eran como siete los que llegué a contar, gritaban algo en un dialecto que no entendí, tal vez fue el pánico, la conmoción de no comprender qué ocurría.

Solo el fuerte golpe que sentí detrás de la cabeza me hizo recuperar la consciencia, para volver a perderla un segundo después.

Recuerdo ver a Khuna, nuestra monitora, tenía el miedo en sus ojos, arrodillada suplicaba por última vez.

Me despertó un leve golpe de una mano en mi hombro, al instante sentí un profundo dolor en la cabeza. Todo me daba vueltas. Varios segundos después logré divisar un poco de lo que nos rodeaba, árboles gigantescos que tapaban una clase de tiendas mal hechas, una especie de campamento clandestino en medio de la selva, lo rodeaban varios coches militares con enormes metralletas que sobresalían en la parte trasera. Y allí estaban, vestidos de camuflaje, pero ya sin las capuchas que antes les tapaban el rostro, seguían con sus armas, pero ya no nos apuntaban.

Una veintena de niñas a mi alrededor se acurrucaban unas al lado de otras, protegiéndose, o al menos intentándolo, todas lloraban, y yo también.

Un intenso olor a fogata me produjo una insoportable sensación de hambre. ¿Dónde estábamos? ¿Cuánto tiempo habría transcurrido? De pronto, recordé todo lo acontecido hasta entonces. Y lo vi claro, era un secuestro.

2.
Chibok

Cuando vives en un lugar como Chibok, te acostumbras literalmente a todo. Recuerdo algunas veces que, en mi camino al colegio, veía cómo los niños jugaban con la cabeza de algún animal que hacían pasar por una pelota de fútbol. Rodeado de pobreza, aprecias hasta lo más insignificante que te rodea. No teníamos mucho, pero éramos felices, muy felices.

En nuestra casa no faltaba de nada, no me refiero a lujos como la luz o agua corriente, sino a lo esencial para vivir, como comida o productos de higiene personal. La abundancia llegó con la marcha de mi hermano Abayomi[1]; mi madre siempre decía que él hacía referencia a su nombre desde el momento en que nació, y cierto era.

Vivíamos en Chibok, un área del gobierno local del estado de Borno-Yobe. No es que fuera especialmente bonito donde nos criamos, pero la gente hacía que lo vieses de otro modo.

Me crie junto a mis dos hermanos y mi madre, tuve una vez una hermana pequeña, pero murió al poco tiempo de nacer. Mi padre, después de eso, decidió que quería emigrar para poder traernos los medicamentos necesarios para que aquello no volviese a suceder. Estuvo bastante tiempo trabajando duro para poder

---

1 Abayomi significa «El que trae alegría».

hacerlo. Pagabas casi diez mil nairas y te llevaban a Marruecos, donde podías coger una especie de barco y emigrar a Europa. Te aseguraban la partida, nada más.

No volvimos a saber de él, decían que mucha gente perdía la vida por el camino. Tal vez. O tal vez llegó a su destino y se olvidó de nosotros. Lo odié durante mucho tiempo al ver sufrir a mi madre de ese modo. Lo sigo odiando a día de hoy.

Nuestro colegio era más bien una especie de internado; regresábamos a casa de viernes tarde a domingo, teníamos guardas porque había habido bastantes ataques y secuestros alrededor de todo el país, perpetrados por un grupo de esquizofrénicos que reivindicaban su religión y aseguraban que la educación occidental era un pecado.

Esos días en los que transcurrió todo, estábamos de exámenes. Me había esforzado mucho, pues, como mi madre decía, si quieres cambiar tu futuro debes esforzarte por conseguir las herramientas necesarias. Y qué mejor herramienta que el conocimiento. El conocimiento te hace libre.

Tuve claro, desde el momento en el que mi padre se fue, que quería salir de la miseria que nos rodeaba.

3.
Boko-Haram

«La pretenciosidad es anatema».[2]

Había escuchado tanto sobre aquellos insurgentes. Son un grupo terrorista que percibe la occidentalización de nuestro país como principal fuente de corrupción del Estado.

En el 2013 nuestro Gobierno declaró el estado de emergencia en Borno, para poder hacerles frente, pero ¿cómo logras hacer frente a un grupo si compran hasta a las personas que los combaten? A cualquiera que no tiene nada le ofreces algo que anhele, y puede olvidarse hasta de su propia estirpe.

Desde hacía años sus blancos éramos nosotros; los cristianos del país y mayormente centros educativos donde, claro, se enseñaba algo fuera de su «lógica visión», en consecuencia, la mayoría de las niñas eran privadas de ir a la escuela, con lo que ello conllevaba.

Su carácter fundamentalista islámico opera en nuestro país desde 2002, alimentado por la globalización y la economía, su empleo del fanatismo religioso, la fuerza física y violencia han

---

2 Anatema: condena moral, prohibición o persecución que se hace de una persona o una actitud.

sido y son sus armas más poderosas, además de su fuerza militar. La principal consecuencia de su terrorismo es causar un daño psicológico irreversible en la sociedad y en sus individuos, y nuestra sociedad se caracteriza por no haber logrado superar problemas tradicionalmente ya existentes entre sus clases sociales y su corrupción institucional, a pesar de haberse convertido en una economía creciente desde principios del siglo XXI por sus manglares, el oro y el petróleo, y también por ser un punto estratégico para los países occidentales debido a su localización. Pero, claro, es muy fácil crear el caos en un país dividido.

Las zonas boscosas donde ellos se esconden se extiende por unos 60.000 km² en la parte sur del estado nororiental de Borno. Su líder, Abubakar Shekau, ya se había atribuido la mayoría de los secuestros y asesinatos de varias zonas del sur del país. Afirmaba que Alá le hablaba y que le ordenaba que se llevara a la mayoría de los jóvenes, para «hacerles entrar en razón» y ver el islam como única religión.

Recuerdo escuchar su voz por la radio cada vez que había algún ataque. Esa voz rancia y grave gritando se te grababa en la memoria. No pasaría mucho tiempo hasta que volviese a escucharla, pero esta vez en primera persona.

Había gente pobre que se identificaban con sus discursos porque les prometían el paraíso. Prometieron un estado islámico con *shariah*, que es una forma de justicia social. Entonces los ricos ya no desviarían el dinero público. Muchos se unieron a este grupo porque creían que mejoraría sus vidas a través de la práctica más rigurosa de su religión.

4.
Sobrevivir en el infierno

Ya estaba casi amaneciendo cuando empecé a recuperar el control sobre el miedo que sentía, el cuerpo no me reaccionaba, no podía moverme, no sabía si debía hacerlo, aquellos salvajes no dejaban de gritar y yo no les entendía.

Conocía a varias personas a mi alrededor, y a otras no. Desesperadamente, intenté buscar a Jaddi, quería llamarla, gritar por si estaba cerca, pero de mí no salía ningún sonido que no fueran llantos.

—Estáis aquí por una razón y es en nombre de Alá, por el que obedeceréis. Sobra decir que no intentéis escapar porque os espera algo peor que la muerte —dijo uno de ellos.

Nos levantaban del suelo una a una, marcándonos con un permanente, cual ganado, así me sentía en ese momento, como un cordero esperando a ser sacrificado. A otras nos empujaban hacia las tiendas y nos dejaban ahí. A algunas otras las volvían a meter en los camiones. A mí, sin aún poder reaccionar, me llevaron hacia una tienda llena de chicas de mi edad, seguía sin ver a Jaddi por ningún lado. Estaba segura de que se encontraba en el centro esa noche.

—Algunas han saltado —dijo una a mi derecha.

—Hablan árabe —dijo otra.

Yo no podía hablar, solo quería llorar, abrazar a mi madre una vez más. Odié a mi padre más que nunca. Ese sentimiento se fundió con el sueño.

—Arriba, Khala —me susurraba mamá.

Me desperté de un brinco, pero no era ella, no había sido una pesadilla, aún estábamos ahí, todas despiertas. Fuera se escuchaban sus gritos, dando órdenes en ese idioma que no entendía y que ya empezaba a aborrecer.

Entró un chico que no tendría más años que yo. Tenía una cicatriz que le cubría la mitad de la mejilla izquierda. Llevaba una A-k colgada en el hombro.

—Ya estáis preparadas, seguidme. ¿Es que estáis sordas, putas de mierda?, seguidme —repitió, tocando el arma al ver que ninguna se levantaba.

Esta vez fui la primera en levantarme, y le di la mano a la chica que estaba más cerca de mí, al ver este gesto me miró de arriba abajo con una mirada entre asco y pena.

Nos llevó hasta otra tienda, era un poco más grande que en la que estábamos, llena de bombonas de gas, ollas, utensilios, alimentos y cocinas puestas en el suelo.

—Sabréis cocinar, ¿no? Más os vale. Porque si no, de poco nos vais a servir.

La mayoría de las niñas sabían, era de las primeras cosas que aprendíamos en casa.

Empezamos a cocinar y terminamos sin decir ni una palabra, había ahí varios de ellos, en la puerta frontal de la tienda, observándonos, hablando entre ellos y riéndose.

Yo no podía aguantar más el hambre, y me metí un trozo de carne en la boca, al ver eso uno de ellos vino con enojo hacia mí, me dio una bofetada que no sentí. Era más la rabia y el hambre que el dolor, no me moví del sitio, no hice ningún gesto.

—Si quieres comer, me pides permiso; si quieres beber me pides permiso. ¿Lo has entendido?

Otra bofetada al no obtener respuesta.

—¿Lo has entendido?

Esta vez asentí. Se fue riendo y hablando en ese idioma. No pude contener las lágrimas. Quería gritar, quería salir huyendo de ahí. Quería clavarle uno de esos cuchillos que tenía al lado, o clavármelo a mí, para no tener que seguir aguantando tanta humillación. Pero eso solo era el principio de algo que jamás imaginé vivir.

Después de ordenarnos servir la comida y llevarla hasta las tiendas cercanas, nos dejaron comer lo que sobraba. Mientras lavábamos los cacharros en cuencos enormes, recordé cuando ayudaba a mi madre a hacerlo, era uno de mis momentos favoritos porque cuando hacía frío calentábamos agua, y ella me contaba historias que había oído, de cómo era la vida fuera de ahí, siempre bromeábamos sobre ir de tiendas por el centro de alguna ciudad, llenas de bolsas y después ir a comernos algo a algún restaurante. Ella hacía la vida más bonita, tenía un aura que la rodeaba que te hacía querer estar a su lado, ojalá pudiera estar a su lado, ojalá que no la hubiese escuchado cuando me decía que estudiara, tal vez no estaría aquí.

—Venid conmigo —dijo uno de ellos, era uno más viejo, con el pelo canoso y la piel con una capa blanca por la sequedad, sus ojos inexpresivos hacían que se te removiera algo por dentro.

Salimos una a una de esa tienda, nos fueron metiendo en otra que había un poco más allá. El interior era más agradable de lo que lo eran las demás en las que había entrado, en el centro un buen monto de una especie de camisones negros y algunos grises. Nos hicieron ponérnoslo. Lo había visto antes, era lo que llevaban algunas musulmanas que vi alguna vez en las televisiones de la ciudad. Olían mal y me agobiaba, solo dejaban al descubierto nuestro rostro.

Llevábamos ahí varios días repitiendo la misma rutina; cocinando y limpiando cacharros, no nos dejaban hablar entre nosotras más que para lo esencial estando ellos presentes, pero siempre estaban presentes, y eran muchos.

Siempre habían radios con ese idioma que no entendía, pero si te fijabas bien era algo así como cantos en poesía, más tarde supe que eran oraciones del Corán.

Uno de esos días, casi anocheciendo, uno de ellos vino hacia mí y, sin mediar palabra, me cogió del brazo y me llevó hacia una tienda un poco más apartada de las demás. Sin decir nada aún, me empujó con fuerza hacia dentro y se marchó.

El interior era agradable, la alfombra que cubría el suelo estaba manchada de un color rojizo, no me di cuenta de que había alguien hasta que tosió, me giré y un hombre de mediana edad, con el rostro arrugado y feo, me miraba. Con un gesto me indicó que me acercara.

—¿Eres cristiana? —me preguntó.

Esa voz… imposible olvidarla.

Asentí.

Suspiró.

—Pues no lo serás más.

Asentí. Qué más daba, al fin y, al cabo, tampoco veía a Dios por ningún lado.

—Acércate y quítate el hiyab —me ordenó.

Al ver que no hice ademán de moverme, se levantó y me lo quitó él. Me miró de arriba abajo, le brillaban los ojos.

—¿Cuántos años tienes? Pareces más mayor que la mayoría.

—Dieciséis —añadí.

—Demasiado mayor, ¿alguna vez te ha tocado alguien?

No sabía bien a qué se refería.

—Vosotros, desde que estoy aquí nadie nunca me había pegado antes.

Rio.

—No, estúpida, me refiero si alguien te ha manoseado ah. —Hizo un gesto hacia mi parte inferior.

—No.

—¿Eres sincera? Me daré cuenta si mientes.

De qué se dará cuenta, cómo se va a dar cuenta, de qué narices estaba hablando.

—Tápate, mañana será vuestro día.

¿Que será nuestro día?, un leve atisbo de esperanza inundó mi mente. Tal vez nos liberasen. Pobre ingenua.

—Aadan —gritó.

Instantes después entró el que me había traído y, con el mismo gesto, me volvió a sacar.

—Para mañana aprendeos esto.

Nos dieron un librillo a cada una. Oraciones.

Había menos chicas, de eso estaba segura, ya no había ni la mitad de las que llegamos. Yo parecía ser la mayor de todas. Tampoco nos dejaban hablar, así que no sé exactamente qué edad tendrían. Me dejaron responsable de algunas, y me aseguré de que repetían bien lo escrito. Me imaginé qué podría suceder si no lo hacíamos.

A la mañana siguiente nos hicieron poner en grupos. El mismo hombre que anoche me interrogaba, estaba plantado justo en el centro de una especie de coro formado por ellos, alrededor unas sábanas negras donde se podía leer «Dios es Grande» en árabe, ya reconocía esas letras. Todos con sus armas siempre presentes. A su lado, una cámara.

Nos obligaron postrarnos al lado, todas cubiertas con el hiyab.

—Soy Abubakar Shekau.

Era él, era su líder, esa era su voz.

—Nuestros hermanos están detrás del secuestro de Chibok, lo sucedido allí ha sido para promover el islam y desanimar las prácticas antiislámicas como la educación occidental, que no es el tipo de educación permitido por Alá y su profeta Mohamed.

—Estas niñas aquí presentes se han convertido a nuestra religión por su propia voluntad. Alá me ordenó que vendiese algunas, y yo me encargo de cumplir sus órdenes, la esclavitud está permitida en el islam —alegaba—. Las niñas no deberían ser escolarizadas, sino servir como buenas esposas. Exigimos la excarcelación de nuestros hermanos prisioneros a cambio de su liberación.

Nos hicieron repetir lo que aprendimos: la *shahada*[3]

—*Allahu la ilaha ila Allah, Wahdaju la charika laj, laju ilhamd u laju ilmuk u jua ala chein Kadir. Inna li Allahu u ina li Allahu rajiun* —recitamos en coro—: *Echjadu inna la ilaha ila Allah, u Echjadu inna Mohhamed abdaju wa rasulaju.*

Después de esto, nos volvieron a empujar fuera de su vista, había otro grupo recitando a nuestro lado.

Si su Dios era tan bondadoso, por qué dejaba que sucediera esto. Y dónde estaba el mío. Apuntándonos con sus armas, nos llevaron hacia otra zona fuera del campamento, tuvimos que caminar un par de minutos. Sentía los pies con cada vez más heridas. Desde el comienzo de este infierno no habíamos tenido nada para protegerlos, para no escapar tal vez.

Nos señalaron unas fosas cavadas en el suelo, en ellas había cuerpos aún sin enterrar.

—Si no obedecéis, esto es lo que os espera —dijo uno, apuntando directamente hacia mí, que era la más alta de todas—. Solo debéis servir y cumplir con vuestras obligaciones, no seáis *munafiqat* (hipócritas). No intentéis huir, tampoco os servirá de mucho. —Y clavándome la A-K en la espalda, hizo que dirigiera al pequeño grupo de vuelta al campamento.

Aquella noche fue la peor de todas. Poco después de terminar con las tareas que nos habían encomendado, el chico que me miró con pena se dirigió a mí y me ordenó que le siguiese. Esta vez hacia otra tienda.

---

3 El testimonio, profesión de la fe islámica.

La luz era tenue, bombillas enchufadas en baterías de coche, la alfombra cochambrosa llena de suciedad. Sobre ella un par de mantas haciendo de cama. Me esperaba un hombre sin armas, sin su traje de militar, con una especie de *yilaba* blanca.

Me miraba como miraba yo a los chicos guapos europeos que veía en la tele de la ciudad. Sonreía.

—Ven, acércate —me ordenó.

Así lo hice.

—¿Cómo te llamas? —preguntó.

Una sensación extraña se apoderó de mí, nadie hasta entonces me lo había preguntado.

—Khala —añadí.

—¿Ka qué? ¿Qué clase de nombre es ese? A partir de ahora te llamaras Khadija, es más islámico. Ahora bien, ¿cómo te llamas?

—Kha… Khadija —respondí.

Qué más daba.

—Yo soy Ali…

Empezó a atraerme hacia él. Cuando me sonrió de cerca pude ver su asquerosa y nauseabunda sonrisa y, cuando me habló, pude oler el hedor que de él emanaba.

—Desde esta noche serás mi esposa.

¿Qué? Su qué, no podía ser. Esto no. Preferiría morir.

—Me ha dicho uno de mis hermanos que no has sido tocada por nadie aún a pesar de tu edad. Si has mentido lo sabremos —dicho esto, mandó a llamar a dos hombres que estaban ahí—. Ellos serán testigos de que lo haces por propia voluntad.

Y me ordenó recitar con él: «Por propia voluntad...».

Después de eso me entregó una pulsera corroída por la suciedad. Al terminar hizo un gesto a los hombres para que se marcharan. Se giró y alzó las mantas que se encontraban en el suelo, y vislumbré una sábana blanca en su mayoría, pero con manchas, en algunos lados, de un color marrón.

—Túmbate —me ordenó.

Sabía lo que estaba a punto de ocurrir, no quería verlo, no podría aguantarlo, preferí morir. Giré mi cabeza hacia la puerta. Me cogió del cuello con una fuerza que juraría que no tendría y me volteó hacia él.

—Túmbate te he dicho.

Y así lo hice.

Empezó a sacarme el hiyab. Debajo de ella, lo que era mi pijama de esa noche, ocurrió todo, ya menos colorido por el sudor y por el tiempo que había estado pegado a mí. No pude contener las náuseas, debido al hedor. Era el suyo o tal vez el mío, no sé.

Lentamente fue deshaciéndose de la ropa que protegía mi piel, me tumbó en esa sábana, que tampoco olía bien. Él también se empezó a desvestir.

Cerré los ojos, sabía lo que iba a suceder.

Se postró encima de mí y empezó a toquetearme, primero con sus manos, después acercó esa hedionda boca, comenzó a babosearme y a dejarme su saliva por todos lados, me abrió las piernas y empezó a tocarme ahí.

Después, un dolor. Sentía que algo me desgarraba. Mis lágrimas caían sin cesar, me perdí en mí misma.

Trataba de recordar las canciones de mi madre que nos cantaba a mí y a mi hermano pequeño, y pensé en Yomi, así lo llamaba yo, alegría, en su enorme y bonita sonrisa, en cómo nos trataba a mí y a mi madre, «éramos sus princesas», decía él. Y odié a mi padre, más que nunca, ese sentimiento me quemaba el pecho.

¿Cuándo fue la última vez que sonreí? ¿Cuándo fue la última vez que me emocioné con algo por felicidad? En ese instante dejé de creer, no quería reconocer a ningún dios que dejaba que esto pasara, que niñas más pequeñas que yo hubieran pasado por esto, pensé en aquellas niñas muertas semienterradas. Pensé en el dolor de mi madre al haberse enterado de que ya no me vería más. Otro miembro de la familia que ya no vuelve, otro miembro que ya no está.

Algo en mí murió ahí, en esa sábana.

Dolor.

Volví otra vez al sentir un golpe en la cara.

—¿Es que estás sorda?, límpiate y lárgate.

Miré a mi alrededor y, al no ver nada con lo que poder limpiarme, cogí mi pijama y limpié lo que pude. Estaba sangrando.

Lloraba, y mi corazón también.

Después de volverme a poner el hiyab, sentí aún sangre deslizándose entre mis piernas.

El mismo hombre que me condujo hasta ahí se encontraba fuera de la tienda, esperándome aún. Me miró con asco. En ese momento yo también me daba asco.

—¿Estás bien? —preguntó.

Eso sí que era cruel.

No respondí.

—Siéntete dichosa, te podrían haber vendido a nuestros hermanos de Chad o Camerún, o simplemente aborrecerte por ser tan mayor, pero Ali te ha escogido para ser una de sus esposas, eso es digno de mostrar un poco de gratitud.

¿Gratitud...?

Mis ojos aún llenos de lágrimas, solo observaban el arma que tenía colgada en el hombro, podría darle con una piedra y cogerla. Qué piedra y, además, si llego a cogerla, no sabría cómo usarla. Mi destino sería aún peor que el de esas niñas muertas semienterradas. Aunque sentía que ya estaba muriendo.

Me guio hacia otra tienda llena de más chicas.

—Aquí estaréis las mujeres de Ali y Bakur. Portaos bien.

Nunca dormíamos solas, por si alguna intentaba escapar. Me dejé caer en el suelo y lloré lo más fuerte y alto que pude.

Ellas me miraban, pero no se atrevían a tocarme tan siquiera. Lloré hasta quedarme dormida.

Esas noches se repetían una y otra vez. Cada vez con más violencia y más brusquedad.

«Si es que existes de verdad, mátame, Señor. Ya estoy muerta en vida, así que mátame».

Ese día estábamos en la cocina. Una de ellas, que más tarde supe que se llamaba Zara, estaba justo al lado mío. Cogió un cuchillo de los que estábamos usando para cortar la verdura. Me miró. Y me susurró que si algún día salía de ahí, vendría por todas nosotras. Y se cortó las muñecas, ahí, mirándome a los ojos. Tardé en reaccionar y en comprender lo que ocurría.

—Ayuda —grité—, ayudadme por favor.

Intenté detener la hemorragia, era un corte profundo, justo en el lugar adecuado. Y allí delante de nosotras se desangró. Oré como nunca antes lo había hecho. Oré en mi idioma. Oré lo que había aprendido. Oré por ella. Oré por nosotras. Sin fe.

Minutos después, ella ya no estaba ahí, ni su cuerpo, solo un gran charco de sangre, y yo empapada. Me quedé ahí, absorta en ese líquido rojo. La rabia inundaba mi ser. La impotencia también.

Todas nos miramos en silencio durante lo que me parecieron horas.

—Limpiad esto —dijo uno pateándome.

Y así lo hicimos.

Después, calentamos agua para podernos limpiar. Era la primera vez desde hacía mucho tiempo que sentía el agua en mi piel, pero esa sensación no me trajo paz. Siempre solía hacerlo.

Mi mente no paraba ni un segundo, necesitaba hacer algo, intentarlo, por mí, por nosotras. Venían a mí imágenes del colegio. De lo que nos gustaba a Jaddi y a mí limpiar las clases después de terminar las lecciones. Nos reíamos por todo, juntas soñábamos con salir de África y ser modelos algún día, teníamos la estatura ideal para serlo, nos decíamos. No sé por qué pensaba en ella. Por su calidez pensé en mi madre y me juré que la volvería a ver algún día, debía intentarlo.

Nos habían quitado nuestra libertad, nuestra inocencia y nuestra fe, pero no me quitarían mis sueños. Me prometí que no los dejaría ganar, aunque podían hacer lo que quisieran con mi cuerpo, y de hecho ya lo hacían.

5.
Bring back our girls

Nuestro presidente, Goodluck Jonathan, hablaba por tercera vez en público sobre nuestro caso. Pedía a las familias fotografías e información sobre nosotras, ya que el incendio provocado en el centro hacía imposible acceder a dicha información.

Centenares de manifestantes se presentaron ante el parlamento para exigir acciones. Con el lema *bring back our girls*, miles de personas se habían sumado a ese lema, incluso personajes famosos de todo el mundo.

El Gobierno aseguraba que ya habían localizado el punto exacto donde nos tenían prisioneras, pero que no realizaban ninguna acción por miedo a bajas inocentes. Habían encontrado a varias niñas que lograron escapar y a un par de ellas atadas y apaleadas junto a unos árboles por la zona sudeste de Sambisa.

Entonces nos encontrábamos en el bosque de Sambisa…

Se escuchaba el griterío de la gente, exigiendo la movilización del ejército.

—No es más que palabrería, la ineficiencia de este Gobierno queda al descubierto —decía un señor.

—*Bring back our girls! Bring back our girls!* —vitoreaban.

Sentí algo por dentro, entre esas voces podría estar mi madre, la vi por un instante, gritando a pleno pulmón por mí, por nosotras.

—*Bring back our girls, bring back our...*

Apagaron la radio a carcajadas, como si supieran que por la ineptitud del Gobierno jamás llegarían a nosotros, y si lo hacían tenían más que armas suficientes para poderles combatir.

Ese día recibí más de una paliza por no aprenderme la oración que tocaba, pues no podía dejar de pensar en lo que había oído en la radio. Nos estaban buscando, aún había esperanza.

Después de releer la oración y entenderla, una leve sensación de paz me reconfortó. Decía así: *Waal Asri, inna ilinsana lafi jusrin inna ela dina aminu u a3milu salahiaty wa tawasau bil jer wa tawasau bi sabr.*

Venía traducido tanto en árabe como en inglés, y viene a ser algo así como que: «Juro por el tiempo que los seres humanos están en la perdición. Salvo aquellos que crean, obren rectamente y se aconsejen mutuamente con la verdad y la paciencia (ante las adversidades)».

Paciencia, solo debía ser paciente, en algún momento podría hacerlo, algún día tendría las agallas suficientes para huir de ahí. «Paciencia», me repetía.

Ninguna página del libro que leíamos describía algo como sus acciones. ¿Cómo podían manipular así si hablaban tanto de paz?

Por más que pasaban los días no lograba saber cuánto tiempo llevábamos ahí, me había bajado el período más de dos veces, así que, calculando, tendría que ser unos dos meses. Pero desde hacía días presentía que algo no andaba bien en mí, esa sensación iba en aumento, olores que antes me desagradaban, ahora parecía tolerarlos. Incluso su olor, las náuseas que él me producía cada vez que me tocaba, aparecían ahora solo al comer. Sabía que algo no andaba bien. Por alguna extraña razón había momentos en los que me agradaba esa sensación. Confirmé mis sospechas unos días después, cuando nos disponíamos a recoger los barriles de agua para cocinar. Un velo negro me cubrió los ojos y me desplomé.

Al despertar me encontraba en una de las tiendas, con varias chicas a mi alrededor. Uno de ellos me zarandeaba.

—Quédate aquí por ahora —me ordenó—. Y descansa —me dijo con una sonrisa maliciosa.

Qué curioso: que descanse. ¡Qué bondad!

—Puedes estar embarazada, como yo —me dijo una a mi lado.

No tendría más de catorce años, parecía feliz.

Embarazada. ¿Yo? ¿Aquí? ¿En este lugar? ¿Vida en esta muerte?

Sin tan siquiera pensar, me incorporé y empecé a darme golpes en el vientre, con la fuerza que no tenía, con las que me quedaban. Una y otra vez. Lo sentí de verdad. Una de ellas me rodeó por detrás. Me abrazó fuerte y me dejé. Rompí en llanto.

Calidez humana, calor humano de verdad. Humanidad.

Las observé en silencio y me avergoncé, por mi cobardía y por miedo. Todas parecían más pequeñas y, sin embargo, ahí estaban, más compuestas y firmes que yo. En su mirada, resignación.

—Mira —me dijo una y de debajo de su hiyab sacó una miniradio a pilas—, aún nos buscan —afirmó.

Me avergoncé aún más, mi falta de valentía no me permitía más que obedecer lo que me pedían y, sin embargo, ellas, ahí, habían conseguido un pequeño tesoro por el cual podrían morir.

6.
Resiliencia

Estaba decidida a luchar. Por mí, por ellas, por las que ya no están. O al menos intentarlo, ya no me quedaba nada que perder. Pero algo tan grande que ganar. La libertad.

Imaginaba cómo, pero no lo visualizaba, por más que me pasaba horas mirando algún punto muerto. Ellos siempre estaban observando. Siempre estaban ahí. La noche. Esa era mi única esperanza, camuflarme en la noche. No me importaba morir en el intento ni en la dichosa selva que nos rodeaba. Sería feliz muriendo por otro motivo que no fueran ellos. Al menos moriría siendo libre.

Una vez, en nuestra clase de lengua, se me quedó una palabra que, a día de hoy, resonaba en mis oídos, tan bonita al pronunciarse, pero más bella al entender su significado. También estudiando historia, no podías evitar pensar en la misma palabra al ver lo sufrido: colonización, esclavitud, crímenes que, a día de hoy, se siguen perpetrando, por nosotros mismos, sí. Pero hay algo que rige este burdo mundo cruel. Es como una ley no escrita, el fuerte gana y el débil pierde, así de simple.

Todas nosotras éramos eso, resilientes, nos adaptábamos, nos fortalecíamos en conjunto, sin palabras. No nos unían lazos de sangre, nos convertimos en una familia unida a la fuerza. Unidas por el dolor.

Pensaba en mi casa, en cómo estaría cuidando Iakkub a mi madre, en lo que ella le diría para tranquilizarlo, porque así era ella. aunque fue la que más sufrió con la partida de nuestro padre, era ella quien nos tranquilizaba y nos animaba. Pensé en la vida que soñaba tener, y por qué no, pensé en las vidas que crecían. Siempre había odiado cualquier tipo de injusticias, y es por ello que comprendí que, aunque no quisiese lo que tenía en mi interior, tampoco podía odiarlo.

Mamá me hacía trenzas. Era un día especial, dijo que teníamos que acompañar a papá a la ciudad, que de ahí él tendría que recorrer un largo camino. Nos vestimos con nuestras mejores galas, amaba los colores, me representaban. Decía que mi piel ya era lo suficientemente oscura como para usarlas de mi color. Fue largo el camino, pero llegamos horas antes en las que papá tenía que irse. Comimos en una especie de bar al lado de los autobuses.

No entendí por qué se tenía que marchar. Todos reíamos, pero los ojos de mamá no. Yo le preguntaba a papá por qué nos dejaba solos, por qué se iba.

—Es por nuestro bien —afirmaba—. Hagamos un trato, pequeña, estudia, esfuérzate mucho, para que no tengas de deberle nada a nadie. Ódiame si no vuelvo.

—Así lo haré —asentí.

Y así lo hice. Así lo hago.

7.
Bajas

Mamá cantaba mientras yo repasaba mis libros. Tenía una voz tan hermosa: «Onye mere nwa nebe akwaa»:

—*Onye mere nwa nebe akwa. Egbe mere nwa nebe akwa. Weta uziza weta ose. Wetangaji unkuru ofe. Umu nnunu aracha ya. Eh! Eh! amaghim onye owu.*[4]

Yo le preguntaba cómo se conocieron, le preguntaba sobre mis abuelos. Querían casarla con un feligrés de su iglesia local. Era mucho más mayor que ella y, por más que le suplicó a su padre, no la escuchaba, ella estaba enamorada de un chico que vendía productos locales en el mercado, y al contarle lo que su padre quería hacer, decidieron irse lejos. Así formaron nuestra familia, sin más miembros que nosotros. Y era suficiente, éramos felices, pero eso no le bastó a él. Y se fue.

Le obedecí, se me daba bien obedecer, le seguía odiando.

¡BUM, BUUM!

---

4 «Quién hizo llorar a mi niñito»:
¿Quién hizo llorar a mi niñito?
El halcón hizo llorar a mi niñito.
Trae una hoja y pimienta.
Trae una cuchara que recoja sopa.
Los pájaros ya terminaron.
¡Eh! ¡Eh! No sé.

Desperté de un brinco. Eran los mismos sonidos que esa noche, pero esta vez no tan cerca.

¡BUUUM!

Entre el alboroto y el caos entraron ellos en nuestra tienda, nos agarraban a todas y nos conducían a los camiones, a empujones y a patadas.

Nos cubrieron con una lona, y nos llevaron a otro lugar, no tan lejano, y había más tiendas y más chicas. Pero los árboles gigantescos esta vez no te dejaban vislumbrar el cielo.

Apuntándonos, obedecimos, ellos maldecían.

Delante de mis ojos pateaban a una niña porque no paraba de llorar, esta vez el instinto hizo que corriese hacia ella y me interpuse entre ellos. Con la culata de su arma me dio en toda la cara. Pero no me dolió. Daba igual. Ella estaba bien. Cuando el dolor interno te supera, el físico se convierte en cosquillas, como caricias en la piel.

Maldecían, nos empujaban adentrándonos más hacia la selva, más tiendas, y cada vez menos ruido. Yo no veía nada, no podía abrir bien el ojo, a tientas agarré una mano a mi lado, fría y fina. Nos apretamos las dos. Me guiaba. De vez en cuando sentía un arma dando golpes en mi espalda para que aligerara el paso. Sentía que las palmas de mis pies se iban abriendo con cada zancada.

Se escuchaba un río.

Después de lo que me parecieron horas, llegamos a nuestro siguiente destino, más pequeño que el anterior, y esta vez sin más niñas que las allí presentes.

Estaba amaneciendo cuando llegaron más. Con todo lo necesario para poner nuevas tiendas, nos ordenaron hacerlo y nosotras obedecimos.

El cansancio y el hambre hacían que mis movimientos fueran retardados, como a cámara lenta. Últimamente siempre tenía hambre.

Encendieron las radios. Después de un par de noticias locales, confirmamos nuestras sospechas de que era el ejército bombardeando una de las bases ubicadas. Confirmaron bajas, tanto de ellos como de nosotras. También rehenes rescatadas. Sonreí por dentro. Esta vez el presidente hablaba desde Abuya. Se sentía pletórico por haber conseguido rescatar al menos un par. En ese momento yo también. Podía ser Jaddi una ellas, pero me sentí al mismo tiempo triste al pensar que podría ser una de las que ya no estaban.

«Hemos perdido toda esperanza de que el Gobierno nos ayude. No han mostrado ningún interés serio en asegurarse de que nuestras hijas sean encontradas a salvo. Parece que fuese hecho intencionalmente. Ya no se preocupan por nosotros», dijo uno de los entrevistados.

«No nos rendiremos. Incluso dentro de cien años, seguiremos creyendo que nuestras hijas volverán a casa. Hasta que todos muramos, no dejaremos de creer que nuestras hijas volverán», comentó una mujer.

«No les dejaremos ganar —proseguía el presidente—, han utilizado a menores y mujeres veladas para atentados suicidas con bombas, han atacado a personas con coches bomba y han abierto fuego contra civiles en lugares públicos, pero si es necesario llegaremos a acuerdos para intercambiar a las rehenes».

Me inundó la rabia al pensar de qué manera conseguían tanto armamento.

Por otro lado, estaba tan orgullosa por esa gente, esas familias que seguramente se habían endeudado para desplazarse hacia La Capital, exigiendo al Gobierno, sin rendirse, por sus hijas. Por nosotras. Sabía que mi madre estaba ahí. Sabía que si fuera necesario hasta dejaría de comer para poder viajar y estar ahí por mí.

«Ella jamás se rinde. ¿Por qué habría de hacerlo yo?». Me dolió el rostro al hacerlo, pero sonreí.

Poco después, ese mismo día, uno del que deduje que era uno de los líderes por cómo se refería al resto, nos observaba. Llevaba un uniforme como los demás y una camisa blanca debajo de su chaleco, en sus hombros una bandera del ejército local. Había sido militar. No éramos más de una veintena allí, hacía más fácil el control, la mitad de ellos ya no portaban sus armas. Empezó hablando a uno en frente de él que le grababa.

—Si supierais en el estado en el que se encuentran vuestras hijas hoy, podríais morir de pena. Por las bajas de nuestros hermanos estos días, ellas pagarán. No nos dejáis más remedio, sangre por sangre. Dios es grande —finalizó.

Nos observaba de nuevo. Era como una serpiente en forma humana, había veneno en sus palabras, y veneno en su mirada. Tenía el rostro mercado por varias cicatrices. Era algo normal en muchos de los allí presentes. Después se dirigió hacia uno de los 4 x 4 que nos rodeaban, del maletero, del cual sobresalía una metralleta, arrojó dos cuerpos inertes. No les cubría más que el ropaje que llevaban debajo del hiyab. Parecían muñecas. Nunca había sentido tanto odio en mi ser. Después, con un odio palpable dirigido a los cuerpos, los grabó. Los pateó. Los escupió.

8.
Nosotras

Al ser pocas en esa ubicación, hacía más fácil nuestro control. Pero pese a ello, teníamos un poco más de «libertad», mientras hiciésemos lo que nos mandaban. Aprovechábamos los ratos de lectura para poder hablar entre nosotras, contarnos nuestra vida antes de todo eso y soñar despiertas.

Nos ponían en grupos, las mujeres de Ali y la serpiente a un lado, las mujeres de los demás a otro.

Hibo y Anele eran dos mellizas que llevaban mucho tiempo ahí, habían sido vendidas por su propio padre, quien también se unió a ellos después. Esta última hacía referencia a su nombre, pues había nacido en último lugar. Por mucho que las miraba, no veía parecido. Nunca me hablaron de su madre y, por lo que supe, después ellas terminaron creyendo de verdad, su fe hizo que ya no sintieran ningún tipo de aversión hacia su progenitor.

Nara era una chica de trece años que jamás había experimentado algo parecido a la desdicha, pues, a pesar de no tener mucho, era bastante feliz. Creció en el seno de una familia formada por seis miembros, ella era la única niña. Sus hermanos y padres la protegían contra todo mal. Su madre no estaba muy de acuerdo con que ella estudiase, pues ya había escuchado que las estudiantes eran el blanco fácil de esta gente, pero su padre la convenció. Quería ser periodista. Decía que era la mejor manera para conocer el mundo que te rodea. Era una de las esposas de Ali. Y también sospechaba que podría estar embarazada, sus senos estaban igual de grandes que los míos y las náuseas eran todavía peores. Una de esas noches, al ser mandada a llamar por él, no pudo soportar el hedor de sus axilas y terminó vomitándose encima. Él la castigó por ello, y a consecuencia estuvo un par de días sin poderse mover. La cuidé los días en los que la fiebre no le dejaba tregua. Perdió lo que llevaba dentro, y yo, egoístamente, sentí envidia de ella.

Zainab había sido una luchadora desde que nació, había heredado una enfermedad en el hígado, provocada por la hepatitis de su madre, su capa esclerótica era completamente amarilla. Me explicó que era debido a la ictericia. Su madre había muerto cuando ella tenía nueve años. Y ella había sido la única que le habían permitido estudiar, siempre decía que era por la pena que sentían su familia hacia su persona. Su hermano mayor había muerto al intentar emigrar a Europa.

En ese momento comprendí que a lo mejor mi padre no nos había olvidado sin más, tal vez estuviese muerto. Por ella comprendí por qué había preferido seguir obedeciéndole. Que simplemente era mejor odiarlo por pensar que nos había olvidado, que el hecho de aceptar su muerte. Era la única mujer de Ali que no estaba embarazada.

Zara me enseñó que, a pesar de todo lo malo que te pueda suceder, no puedes dejar que nada te gane. Ella había crecido en una familia de dinero, su padre era propietario de una tienda en el pueblo, y su madre era una profesora de preescolar. En su casa tenían luz. Tenía una hermana especial, así la llamaba ella. Después de varios estudios y chamanes que solo les querían sacar el dinero, una organización de la ONU que había llegado hace un par de años a la ciudad, les confirmó que su hermana tenía autismo. Estudiaban las dos en el mismo centro, porque en el pueblo no paraban de meterse con ella y, por tanto, decidieron que lo mejor era que estuviese escolarizada junto con su hermana. Nuestro país no dispone de ningún centro que trate tales enfermedades. Siempre cuidaba de ella, porque, a pesar de su condición, llevaba una vida medio normal con su ayuda, y además era muy inteligente. La habían matado ante sus propios ojos al segundo día del secuestro, al ponerse nerviosa solo pudo gritar y ellos dedujeron que tenía al diablo dentro.

Aun contándome esa historia ella sonreía. Decía que esa fuerza se la estaba dando ella y, que su muerte, por cruel que fuera decirlo, era lo mejor. Ella estaba en el cielo y no tendría que pasar por este infierno, no lo habría podido soportar. La estaba esperando y algún día la volvería a ver. Era tan dócil que te era difícil imaginar la fuerza que albergaba por dentro. Te afirmaba que su sueño de ser médico era más fuerte que nunca. Y que algún día lo haría realidad. Quería abrir un centro en honor a su hermana y que ninguna persona con su condición pasara por el desprecio y la ignorancia de los que los rodean.

Fati era una de las esposas de la serpiente, decía que, a pesar de su aspecto, siempre la había tratado bien. Había crecido con su familia por parte de padre, al cual nunca conoció, su madre venía a veces a visitarla, pero no tenía el dinero suficiente para poderla mantener, sus abuelos nunca le explicaron nada. Cuando cumplió diez años la metieron en el centro, y era una de las pocas que se quedaba en los festivos ahí. Decía que nunca se había sentido tan querida como en ese lugar, pues su familia no la trataba bien. Tenía más o menos mi edad, y poseía uno de los rostros más bonitos que había visto nunca. Ayudó a una menor que ella a saltar de los coches esa noche. Le pregunté por qué no lo había hecho ella, y con una sonrisa me respondió que escaparía después de proteger a unas cuantas más.

Pocos días después nos pusieron su cuerpo, inerte, como ejemplo de lo que nos podía suceder si intentábamos escapar. Le rajaron su preciosa cara. La dejaron por dos días atada a un árbol a la vista de todos, para no olvidar que podías correr su misma suerte. La enterraron cuando ya se empezaba a descomponer.

Ahí me juré que, aunque me pasara lo mismo, lo iba a intentar.

Ninta, me contó que ella era una de las veteranas, había sido secuestrada hace más de un año en otro lugar, tuvo ocasiones en los que pudo escapar, pero había decidido quedarse, ya que en su antiguo campamento había niños nacidos sin madres a la vista. No era más grande que yo. (Todas nosotras teníamos la humanidad de la que ellos carecían). La habían traído a este campamento después de varios meses en los que vieron que no se quedaba embarazada. Decía que Bakura, la serpiente para mí, sentía una fijación extraña por ella. También presenció la muerte de muchas. En una de las veces en que el ejército atacó una de las bases localizadas, decía que había coches que arrollaban a las niñas que se escondieron entre la maleza para resguardarse. Después la trajeron hacia este lugar. Había crecido rodeada de amor y, en realidad, ya estaba casada. Nunca había estudiado, ya que se encargaba de su familia desde pequeña. Un día, al salir al mercado, todo cambió. Decía que, depende del campamento donde te encontrabas, el trato era diferente, pues en el primero le habían hecho hasta regalos y canciones en árabe. Depende del comandante que lo dirigía. En este solo había recibido el trato que teníamos nosotras. Había conocido a un par que estaban casadas, pero fueron vendidas poco después. También hablaba de mujeres que, por voluntad propia, se habían unido a ellos. Ahora estaba también dispuesta a huir.

Taitu era singular. La menor de todas. No hablaba con nadie, en sus ojos notabas que había perdido cualquier ápice de esperanza. Solo mostraba resignación. No escuchaba bien. Cuando le hablaban miraba a los labios y acataba en silencio. Era con la única que mostraban un poco de bondad. Era huérfana de nacimiento.

Después en una aleya del libro lo comprendí:

«Quien procura cumplir con las necesidades de la viuda y el huérfano, es como aquel que lucha por la causa de *Alá o como aquel que ayuna por el día y reza voluntariamente por la noche*».

Sin embargo, ellos jamás le dieron su libertad.

Siempre pensé que la sabiduría te la daba la edad. Desde nuestros inicios nos inculcaban que el respeto hacia los mayores era esencial, porque ellos sabían más. Pero no es así, ellas me enseñaron que no importaba la edad que tuvieras, son las experiencias lo que te hace más sabio.

9.
Intento

Pasaban los días. Yo estaba decidida a ganarme su confianza. Sonreía si me hablaba, le sonreía con la mirada. Le mostraba más respeto, y él, al ver mi pequeña tripa, me trataba con más delicadeza.

Observaba sus movimientos, en concreto cuando manejaba su arma. Quería descifrar su funcionamiento. Elegí una palabra del libro y así lo empecé a llamar, la primera vez que la pronuncié, se me quedó mirando, él pensaba que era amor. Nos llamaba «familia», tocando mi abdomen.

«¿Familia? Jamás seremos familia», me repetía. «Ninguna de nosotras somos tu familia, ni de tu propiedad».

Le hacía ver que me gustaba de verdad cuando me tocaba, cuando me hablaba. Pero cuando le miraba pensaba en Shekur, mi profesor de Química, era el único amor platónico que conocí. Admiraba sus palabras, su inteligencia y la manera en la que me trataba cuando no entendía algo, te lo explicaba con palabras que podías entender. Te hacía sentir bien.

Intentaba pensar en él cada vez que Ali me llamaba. Cerraba los ojos un segundo y me introducía en mi papel.

La mentira, se convierte en un arma cuando no tienes con qué luchar. Te mientes a ti misma y te lo empieza a creer, empiezas a evadir tu propia realidad.

Uno de esos días, nos mandó a llamar. Era algo importante, lo podías prever. Nos miró una a una, y decidió a quién llevar. Todas aquellas que no tenían signos de gestación. Nos separaban de nuevo.

Al cabo de unos minutos, ellas eran conducidas a la parte trasera de los coches que allí se encontraban. Las tapaban con lonas por si intentaban saltar.

Al ver el número de personas que ahí quedaban, me decidí. No me miraba nadie, nadie estaba pendiente de mí. Observé lo que me rodeaba, los árboles gigantescos no te dejaban apreciar qué había más allá, pero me daba igual. Sabía que el río no estaba lejos de este lugar y tal vez podría esconderme bajo el agua si me intentaban buscar.

Miles de pensamientos e imágenes pasaban por mi mente. Podía saborear la libertad. Después de sopesarlo unos minutos, acabé provocándome a mí misma para poder vomitar. Si ellos veían ese ademán, me dejarían alejarme un poco.

Y entonces corrí.

Corrí tanto como mi tosco cuerpo me autorizaba. No sentí mis pies. No sentía nada de lo que pisaba. No sentí los arañazos que me producían los troncos al chocar. Me faltaba el aliento.

Escuchaba el río otra vez.

Escuchaba los latidos de mi corazón.

Escuchaba la voz de mi madre.

«Sigue. Sigue así».

Y PUM.

No sentí el golpe hasta que de mi nariz brotó tanta sangre que no pude respirar. No lo había visto venir.

Otro golpe. No sentí nada, me jalaba del pelo, noté que me arrastraban.

—Ahora verás —repetía—. Me voy a divertir.

Escuchaba sus insultos, sus maldiciones.

De nuevo en el mismo lugar. De nuevo aquí. La impotencia y la rabia conmigo misma que sentía no la podría describir. Me arrastró hasta un árbol y me pateó. Se dispuso a golpearme de nuevo, la culata con un poco de sangre de mi nariz me apuntaba otra vez.

—Es la mujer de Ali —escuché—. Déjala ahí, él sabrá qué hacer. —Me miró con tanto odio, el mismo que sentía yo. Me ató al árbol y me dejó ahí. Me odié a mí misma por la situación, debería de haberlo pensado mejor.

Ellas me traían comida y agua cada vez que se les permitía, al tener mis manos atadas, lo hacía como podía y me recordaba a mí misma como un animal.

Había radios encendidas, y agudizaba mis oídos para poder escuchar.

«Hoy es un gran día, Dios nos ha bendecido. Han liberado a 21 niñas a cambio de alguna negociación. Las negociaciones han sido llevadas a cabo por nuestro Gobierno con ayuda de la Cruz Roja internacional y el Gobierno suizo. Todas ellas se encuentran bien. Están recuperando sus fuerzas, hasta entonces se encuentran bajo custodia del departamento de Servicios Estatales», afirmaba un portavoz.

«A mi esposa le ha resultado muy difícil arreglárselas sin sus pequeñas. Ella sigue llorando cada vez que recuerda a sus hijas desaparecidas. Tengo que seguir consolándola», agregó un entrevistado.

«Es una buena noticia, pero es bastante difícil mantener una demanda central singular, cuando nos enfrentamos a un Gobierno que ha adoptado una postura desinteresada y hostil durante casi cinco años. No es la primera vez que esto sucede, y por desgracia no será la última», dijo la portavoz del grupo Bring Back Our Girls.

«El presidente celebra la liberación de las niñas, pero advierte a la población de que sean conscientes de que ya superan los 30.000 compatriotas muertos a manos de estos terroristas. Llevaremos a cabo más negociaciones hasta que todas, intentemos, vuelvan sanas y salvas».

Procedieron a nombrarlas una a una. Zainab era una de ellas. Zara también. Jaddia Rabiu… Se me heló la sangre… ¿Había escuchado bien?

Felicidad. Hacía mucho que no sentía tanta dicha.

Me alegré tanto por ella, por ellas, que dejé de padecer dolor. Me olvidé del frío al dormir a la intemperie, del hambre, me olvidé de todo y comencé a soñar de nuevo. Pensé en lo que tenía en mi interior, jamás pensaba en ello, pero ahí comencé a calibrar. Se había aferrado a la vida, a pesar de tantos golpes, a pesar de la tristeza y el dolor. Sentía que estaba ahí, creciendo. Viviendo. Empecé a sentir un poco de amor.

Jaddi estaba viva, estaba bien, estaba a salvo, ella podría abrazar a mi madre por mí. La podría tranquilizar, darle esperanzas. Ella, sin saberlo, me las estaba dando a mí.

Dos días después, Ali regresó.

Vi cómo me observaba, hablando con el mismo que me había atado. Se dirigió a mí. Me desató y me guio hasta su tienda. Estaba preparada para lo que fuese. Sin mediar palabra aún, cogió una tela y la humedeció, empezó a limpiarme las costras de sangre en mi rostro, me quitó la ropa y me ofreció un vestido y otro hiyab.

Aún esperaba los golpes.

—¿Por qué querías huir? —dijo en tono amable, se le notaba feliz.

Volví a adentrarme en mi papel.

—Pensaba que no volverías, que me habías abandonado aquí —afirmé—. Pensaba que no te volvería a ver.

Le agradó mi respuesta.

—No quería quedarme aquí, con ellos, sin ti.

Si yo me creía mis palabras, por qué no iba a hacerlo él.

Me abrazó.

—Esta noche dormirás aquí. Pero estaremos unos días sin vernos, he de combatir. Dentro de unos días partiréis hacia otro lugar. No intentes huir, tal vez ya no pueda protegerte y a nuestro hijo tampoco —dijo mientras me acariciaba el abdomen.

Un escalofrío me recorrió el cuerpo. «¿Nuestro hijo?». Ni siquiera había pensado en eso. Podría ser niño, podría ser otro combatiente más. Si era niño le inculcarían todo lo malo que había en ellos y, si era niña, correría mi misma suerte.

No. Jamás. Me niego. Puede que no nazca, puede que muramos los dos, pero si nace me encargaré de que no sea aquí, me lo juré.

Al día siguiente él se marchó. Fue la última vez que lo volvería a ver.

10.
Ella

Pocos días después, llegaron más armados, camiones enormes se adentraban hasta el centro del campamento. Había más chicas y más munición. Ellos muchos más que antes. A empujones nos subieron otra vez.

Nos separaban de nuevo.

Ese lugar era distinto. Estaba mejor preparado y más escondido que el anterior. Las tiendas mejor hechas y con más preparación.

Había niñas, algunas incluso mayores que yo, también había bebés. En sus ojos podías ver la inocencia que nosotras habíamos perdido, las sonrisas en su rostro, que eran reales, y la ausencia de maldad.

Ella era diferente que las demás, de mi misma altura, maquillada. Vestía una túnica coloreada, pero también con la cabeza tapada. Portaba joyas, les sonreía. Ellos le mostraban respeto. Nos miraba con recelo, con una mirada fría, con soberbia. Altiva cuando pasaba por nuestro lado. Llevaba en sus brazos a un niño pequeño. Al acercarse a nosotras para pedir agua para el bebé, nos habló con la superioridad que ellos mostraban.

¿Era una de ellos? No entendía nada. ¿Cómo podía ser? Les preguntaba de quiénes éramos.

¿De quiénes éramos?

Seguía sin poder creer.

Dejó al niño con uno de ellos y, con su tono indiferente y despectivo, comenzó:

—Mi nombre es Eisha, soy la primera mujer de Abubakar, y estaré bajo vuestra supervisión. Me debéis el mismo respeto que a él, no os confundáis. Portaos bien y yo os trataré bien.

No podía creerlo, estaba con ellos, de su lado. No tenía ningún sentido.

Después de ello, decidió que debía ser yo la encargada de cuidar a su bebé. Era la más mayor. Ella tendría que ocuparse de muchas cosas, decía. Me mataba la curiosidad de por qué actuaba así.

Su tienda era una de las mejores que había visto hasta entonces. La alfombra colorida estaba llena de telas alrededor, y había una colchoneta con mantas también de color. Las luces, ayudadas por pequeñas placas alrededor de la tienda, me hacía pensar en mi humilde hogar. Me pasaba ahí la mayor parte del tiempo, cuidando de Bechar. Él era la única alegría que había tenido desde hacía tiempo. Su sonrisa inocente y sus ojos llenos de amor me inundaban el corazón. Sus intentos de seguirme cuando le cantaba me hacían reír de verdad. Me encargaba de alimentarlo, de calentar el agua para bañarlo y de hacerlo dormir.

Me inventaba para él mis propias canciones:

Me desperté esta mañaaaña.
Y mi corazón saangrabaaa.
Un rayo de luz temprana,
cálida me acariciabaaa.
Sigilosa y sin permiso,
pletórica y virginal,
gloriosa y sin aviso.
Caótica y naturaaal
Libertad, Libertad, Libertad

La vida se abre paaaso a través del miedo y la opresión.
La vida se abre paaaso gritando liberación.

Un pájaro se posaaaba, sin miedo sobre una rama,
así yo abrí la ventaaana , su canto inundó la sala.
Un canto que tenía aaalas, como envidiaba su vuelo.
Pero cadenas me aaataban los pies con fuerza en el suelo.

Somos seres incompletos, mientras exista esta maldad, que nos ata y
manipula poniéndole precio al ciiielo.
Igual que una hormiga obrera, débil, frágil y gobernable, que junto
a sus hermanas se hacen gigante imparable.
Liiibertad. Liiiibertaaad.

Iiibertaa, me imitaba él.

En una de esas veces, al intentar cogerlo en brazos, sentí un dolor punzante en el abdomen que me hizo hincar las rodillas, instintivamente me toqué el vientre. Al ver ese gesto, ella me ayudó a incorporarme.

Desde ese momento empezó a tratarme un poco mejor. Quise hacerme su amiga, para intentar comprender el porqué de su decisión. Poco a poco entramos en confianza y me contó su historia. Había crecido en una familia donde era la única mujer. Su madre había huido con un médico al que conoció. La había dejado bajo el cuidado de su padre y sus hermanos, que la trataban mal. Era prácticamente su sirvienta desde que tenía uso de razón.

Un día, al ir al centro de la ciudad, un coche bomba estalló no muy lejos de ella, y poco después un coche militar se la llevó. La habían tratado mal hasta que él la mandó a llamar. Abubakar decidió hacerla su esposa. La colmaba de regalos y canciones de amor en árabe. Ella terminó enamorándose de él, pues había sido el único hombre en su vida que la trató bien. Había sido liberada poco después, pero ella misma decidió volver al bosque de Sambisa. En busca de su marido, recalcaba. Pero yo, por más que lo intentaba no lo lograba comprender.

Ante tal acto, ellos le mostraron el respeto que a día de hoy recibía y Abubakar la dejó a cargo de alguno de los campamentos que él manejaba. Disponía de las sirvientas que quisiera.

Le pregunté que por qué lo decidió así, y me respondió que por amor.

Por amor… Que muchas de sus amigas también lo hicieron y que lo volverían a hacer.

¿Muchas? Empecé a sentir miedo, en algunas mentes débiles ese pensamiento se podía contagiar. Decía que, sin embargo, a pesar de presenciar miles de muertes, nunca trató mal a ninguna niña de las que cuidaba.

Había algo de verdad en sus palabras. Pero también podías intuir su hipocresía. Una niña o mujer, la cual nunca antes había tenido ni voz ni voto, ahora mandaba a una decena de hombres armados.

Todo ese poder se lo dio Alá, decía. También aseguraba de haber combatido junto a su marido. Se había hecho pasar por una inocente chica estudiosa, mientras les allanaba el terreno para sus ataques, o se hacía pasar por alguna enferma en el hospital, empezaba a gritar y a crear el caos para ellos irrumpir.

Una vez más le pregunté por qué, y me dijo que en la guerra santa y para llevar la verdadera religión todo valía. Lo decía con orgullo.

Lo único que había yo leído en el libro sobre la guerra santa decía así:

«La pequeña guerra, o guerra del alma, es el esfuerzo interior del musulmán por ser mejor, por ser un buen creyente y vencer sus más bajas pasiones. Es una lucha espiritual del hombre en pos de vivir conforme a su naturaleza y apartarse de la degeneración y la impiedad».

No decía nada de lo que ellos predicaban. No decía nada de matar a inocentes.

El islam prohíbe la agresión, pero insta a la luchar solo cuando, de no hacerlo, ponemos en peligro la paz o promovemos la guerra. Si el no luchar implica la aniquilación de la libertad de culto y la libertad de la búsqueda de la verdad, entonces nuestro deber es luchar.

Nada tenía sentido. Padecía de una especie de regresión que ellos fortalecían.

Si su Dios era tan bueno, ¿cómo podía creerse todo lo que le decían?

Pude apreciar la dualidad de sus palabras poco después, cuando una de las chicas nuevas fue escogida para ser la próxima mujer de su marido. Fingió que la había agredido en un ataque de celos, cuando no era verdad, yo estaba presente. Vi con mis propios ojos cómo se arañaba el rostro y los brazos a sí misma, para después salir sollozando de su tienda y pedirle a su marido que la castigase.

Nadie me creyó, por más que grité que no fue así, pero ella tenía una fuerte influencia sobre su esposo, y sobre los demás también.

A esa chica no la volví a ver.

Eisha no era como nosotras, ella era pura maldad. Después en salir en defensa de la otra chica, jamás me dejó volver a acercarme a Bechar. La odié aún más. Desearía que ese niño no tuviese la madre que le tocó. Sentía que la rabia me consumía por dentro. Quería hacérselo pagar.

«Paciencia», me repetía.

11.
Luto

Seguía pasando el tiempo, no podía saber concretamente cuánto había transcurrido, pero mi barriga empezaba a crecer.

Los días eran soportables, pero las noches eran difíciles de llevar. Para nosotras escaseaba la comida y había días en que solo comíamos una vez.

Uno de esos días, enseñando a recitar, me mandaron a llamar. Uno de ellos, el cual siempre nos vejaba, esta vez en tono relajado me pidió que le siguiese.

En un coche aparcado más allá, yacían los cuerpos de algunos. Jamás pensé en alegrarme al ver a alguien así. Mientras ellos cavaban las tumbas, las esposas teníamos que limpiar según las leyes del Corán, así lo hicimos, pero nos faltó alcanfor[5].

Ellos fueron quienes me dieron la noticia, pero fue ella quien se acercó, y otra vez, con su voz que se alejaba de la bondad que pretendía mostrar, comenzó a decir:

—Tu esposo desgraciadamente no va a volver. Siéntete honrada, porque tu esposo ha dado la vida por luchar.

---

5 Se debe añadir en el lavado final, es un perfume conocido para fortalecer el cuerpo y dar una fragancia agradable.

Se consideraban a ellos mismos héroes y ansiaban el paraíso que creían merecer.

Me alegré, no pude fingir.

—No sé si conoces tus obligaciones a partir de ahora, pero es mejor que te leas esto. —Dejó sobre mi regazo un pequeño libro. *Derechos de los huérfanos y viudas en el islam*. Pasé las páginas, solo me detenía en lo que me parecía importante.

Si no tuvieran hijos, a las mujeres les corresponde un cuarto de lo que dejaran. Si tuvieran hijos, entonces un octavo de lo que dejaran, luego de cumplir con sus legados y pagar las deudas…

Las viudas deberán esperar cuatro meses y diez días. Luego de ese plazo no serán reprochadas por lo que dispongan hacer consigo mismas [siempre que sea] de manera correcta, y Dios sabe lo que hacen.

Está permitido que una viuda se vuelva a casar después de que su Iddah (período de espera) termine para mantener su castidad o llevar el vacío emocional y psicológico debido a la ausencia de su esposo.

«Vacío» Reí por dentro de nuevo.

Vacío especialmente si es joven y tiene hijos que necesitan un padre. Ella tiene que elegir al esposo que será amable y misericordioso con sus hijos.

Presentía a quién podía elegir . A ella no le haría tanta gracia como a mí, sonreí. Lo sentía como una venganza personal.

Si decide no volverse a casar y elige considerar solo los intereses de sus hijos, se le otorgará una gran recompensa.

Después de eso me condujeron hacia otra tienda. Al ser la única esposa de Ali en ese campamento decidieron que lo mejor sería pasar el duelo en soledad.

Me empezaban a respetar.

Uno de ellos me preguntó si necesitaba algo, y con lágrimas en los ojos, adentrándome en mi papel, pedí una radio y que una de las chicas me acompañara, de las más pequeñas, añadí.

Él, a escuchar ambas respuestas, simplemente asintió.

Era impresionante su curiosa manera de actuar, ahora que estaba «viuda» era cómo subir de peldaño en su escala social.

Mi siguiente tienda, era la que estaba preparada para Ali. En la radio se hablaba de nuestro caso. Las niñas liberadas aún no tenían la oportunidad de reunirse con sus familias, pues el Gobierno aseguraba que la mejor manera, para su desradicalización y que olvidaran sus traumas, era seguir bajo supervisión psicológica y del Estado, se encontraban en La Capital, y para muchas familias les era imposible llegar. Aún no se podían reunir, estaban aún bajo cautiverio, pero en otras manos, pensé.

Safiya no me miraba al responder. Era el nombre que le habían impuesto al venir. No se atrevía a decirme el real. Intenté por varios días hacerla ver que estaba ahí para ayudarla, para protegerla, pero no se fiaba de mí. Y era normal.

Trataba de hacerle ver que era igual que ella, que era una más. Pero al ver el trato que ahora recibía por la muerte de Ali, se me hacía difícil mostrarle que no estaba con ellos.

Lo conseguí una semana después, cuándo me interpuse entre ella y uno que la instigaba por no aprenderse lo que le mandaban a recitar. Me contó que no sabía leer bien, no fue raptada en el centro, como algunas, sino que fue vendida por su propia familia a un hombre que, poco después, simplemente se la cedió a ellos por un par de nairas. Ella decía que en sus manos había visto magia de verdad, era una especie de chamán. Era joven, de buen ver y la habían tratado como un juguete roto que no valía nada. No tenía ninguna esperanza de salir de ahí y, además, si conseguía escapar, no tenía ningún lugar al que volver.

Ninguno de ellos la quiso como esposa porque el hombre que la vendió ya la había tocado. En medio de tanto desconsuelo, me sentí más fuerte que nunca, tenían que pagar. Y así se lo hice ver, después de asegurarle que le enseñaría a leer y a escribir bien. Le enseñaría a ser independiente porque iba a salir de ahí. Se lo prometí.

Nunca supe su nombre real.

Empezamos con lo básico, con pequeñas palabras y verbos, en inglés.

Aprendía rápido y me mostraba su gratitud en cada gesto. Simplemente decía que era la primera persona en tratarla como a un ser humano de verdad. Se convirtió en familia. Poco a poco, estaba sintiendo que me estaba olvidando de la mía. Anhelaba volver, pero al cambiar mi situación me sentía con la obligación de ayudar, sabía que por mínima que fuera mi actuación, la vida de alguna niña podría cambiar.

Cada vez había más poquedad. Se notaba la escasez allá a donde miraras. Los bebés lloraban más. Eisha se dedicaba a ese control. Cada vez que me interponía en su vista, me observaba con su típica mirada arrogante, podía sentir la rabia hacia mí. Y yo me jactaba de ello.

Días después me encontraba cerca de una de las tiendas, donde algunos estaban reunidos. Ella también estaba ahí. Hablaban sobre las pocas raciones de comida que había, y que algo tendrían que hacer. Una de las soluciones que ella proporcionó fue vender a algunas de las nuevas para poder hacer frente a la escasez.

Su maldad y egoísmo parecían no tener fin.

Entonces se me ocurrió un plan.

12.
Delirios

Le conté a Safiya cómo tendría que proceder. El miedo en sus ojos poco a poco se tornó en una leve esperanza, no paraba de preguntarme a dónde debía ir. También le pedí los nombres de quienes podíamos confiar, que no eran más de cuatro.

A pesar del miedo, lo que les esperaba lo tenían claro, al igual que yo.

Me encargué de su aprendizaje hasta que viéramos nuestro momento de actuar.

Ese día llegó poco después, fingíamos que recitábamos a pleno pulmón. Cuando ya estaba oscureciendo, calentamos agua para poder alejarnos y bañarnos.

Pedí permiso para las cinco, y me creyeron sin más.

Pasamos un poco más allá de las tumbas y, al asegurarnos bien de que nadie nos seguía, entonces ellas comenzaron su gran obra magistral. Y cuando ya no las escuché, era el momento de hacer mi papel.

Malherida y ensangrentada volví a tientas al campamento, sollozando pedí ayuda hasta que uno de ellos me vio, al ver que no llevaba nada encima me cubrió con sus brazos y me condujo hacia una de las tiendas, donde varios se encontraban ahí. Me dieron algo con lo que cubrirme y me empezaron a interrogar. Me preguntaron si era sincera.

—Por el recuerdo de mi esposo, si no soy sincera yo también podría haber intentado escapar, eran cuatro contra mí. ¿Es que acaso no habéis oído mis gritos? Es vuestra culpa —añadí con el enojo que fingía tener.

Después de eso varios de ellos se dirigieron hacia los coches y, siguiendo mis incorrectas indicaciones, las empezaron a buscar.

Respiré hondo cuando, al verlos horas después que volvían, ellas no estaban.

Al amanecer las seguirían buscando, comentó uno que escupió a mi lado al pasar.

Esa noche jamás la olvidaré, descansé bien por primera vez. Recordé las palabras de Safiya, ella aún no sabía a dónde ir. Le repetía que cualquier lugar era mejor que donde ellos la pretendían llevar. Que si tenía que morir que no fuese en ese lugar. «Escondeos tanto tiempo como haga falta», le repetía. Recordé sus abrazos, sus lágrimas cuando les pedía que me golpearan con fuerza, que, si no, no me iban a creer. Todas me pedían perdón.

A la mañana siguiente, Abubakar me esperaba. Junto a él, Eisha me observaba con una mirada que no pude leer. Me preguntó por lo sucedido, y yo le empecé a contar.

Me comentó que no las habían podido encontrar, y que yo era la culpable de que no pudieran traer más provisiones porque tenían menos chicas a las que vender. Que sería una de las personas que más sufriría el hambre, y que me atuviera a las consecuencias.

Consecuencias. Gracias a mí, algunas estarían libres, o quizás no, pero al menos están lejos de aquí. Esperaba que me hubiesen creído de verdad. No me importaban ni mi labio partido, ni mis ojos hinchados, ni el hambre. Yo estaba feliz, por ellas.

—Si esa es vuestra voluntad, así será —añadí.

Parecía que mis respuestas le agradaban a él, a ella no tanto, seguía mirándome con recelo. «Jódete», pensaba en mi interior.

Se acabó el buen trato recibido.

Nada más salir de la tienda, sentí un golpe en vientre, y otro más, y otro y otro… golpes en mi cabeza, en mi espalda. No podía con el dolor. Me cubrí la cabeza como pude, pero los golpes no dejaban de llover, eran varias culatas a la vez. Sentía que se me rompían los huesos, y finalmente me sentí desfallecer.

Una mujer mayor me cuidaba… le veía su rostro borroso las pocas veces que volvía en mí. Lo hacía con cuidado. Yo le llamaba «Mamá».

—No soy tu madre, pero puedes llamarme así.

Sentía mi cuerpo hirviendo, me intentaba sacar el ropaje de encima, y ella tranquilamente me lo volvía a tender. Canciones otra vez. Tarareaba.

—No sé si va a aguantar.

—Haz lo que tengas que hacer.

—Está delirando más de lo normal.

Había alguien más. Algo apestoso me daban de beber y me hacía dormir. Jaddi reía a carcajadas y me invitaba a su boda.

«Pero si es con mi hermano», gritaba yo. Mamá estaba radiante. Yo me apresuraba a ponerme mis cuentas de coral. Colores y más colores. Iakkub parecía más mayor, no lo recordaba así. «Estás más guapo que yo», le decía. Bailábamos felices, mientras la música sonaba fuerte y los tambores retumbaban a nuestro son.

«Oruka eh, oruukaa ehh». Abayomi esperando a la novia, estaba ahí con su enorme y preciosa sonrisa, pero de pronto sus dientes se empezaban a caer, su rostro se tornaba al de Ali y venía con enojo hacia mí. Eran varios los que venían hacia mí. Yo no paraba de gritar: «Mamaaaá. Mamá, dónde estás. Ayúdame. No me dejes aquí».

Oscuridad otra vez.

En la puerta de una tienda un hombre esperaba, pero no aguardaba por mí. Estaba girado opuestamente a mí, y no le veía bien. Vestía un traje blanco reluciente, que relucía más a la luz del sol. Yo era más pequeña de lo que recordaba y por más que le hablaba no se giraba hacia mí. Le rogaba que me dejase salir de ahí. Necesita esa luz del sol. Él simplemente se interponía en la puerta otra vez. Su traje blanco me cegaba, pero yo quería salir. Casi susurrando solo respondía «no». Poco a poco se giraba y papá decía no, que aún no era un lugar para mí.

Lentamente volvía a ser yo, no reconocía ese lugar, leves imágenes venían a mi mente, pero todo daba vueltas a mi alrededor. Recordaba el haber salido de esa tienda y, como ella, con una leve sonrisa malvada me observaba. Pensaba que me habían creído, o no era así. Tal vez simplemente querían hacerme pagar la huida. Ellas eran un intercambio valioso, y yo ya no.

No podía moverme bien, sentía el cuerpo dolorido por todos lados, intentaba erguirme, pero esa mujer me volvía a tender. La escuchaba dar gracias a no sé a quién.

—¿Dónde estoy?

Ella me miraba y sonreía, pero no llegaba a contestar.

—Estás bien —añadió finalmente al ver que yo empezaba a llorar.

Veía toallas sanitarias a mi alrededor. Ya no llevaba mi hiyab. Vestía un camisón con manchas de sangre por todos lados, no recordaba ese camisón.

A ratos escuchaba una radio. Unas cuantas niñas habían sido entregadas en un bosque cercano con la frontera de Camerún, durante su entrega uno de los militantes les preguntaba, en presencia de los mediadores, si habían sido violadas, torturadas u obligadas a hacer algo en contra de su voluntad. Todas respondían que no. No daba crédito a lo que oía.

Volvían a darme esa bebida que me hacía dormir.

13.
Muerte o libertad

El hedor en esa tienda me mareaba aún más, pero era mi propio olor.

Le preguntaba quién era ella y por qué cuidaba de mí, que por qué no me habían matado sin más. Después de mucha insistencia, dijo que ellos guardaban mejores planes para mí.

Mejores planes para mí, no sabía qué más me podía suceder.

Con tristeza en los ojos finalmente añadió:

—Por los golpes has tenido una hemorragia, que gracias a Dios he podido controlar.

Dios, no encontraba a Dios en ningún lugar.

—Por suerte no estabas de muchos meses.

Se me paralizó el corazón. Por momentos había aceptado mi muerte, pero jamás pensé en la de él. Era un ser inocente. Otro ser inocente que pagaba por esta cruel humanidad. No me lo podría perdonar, al fin y al cabo, era mi culpa, esa era mi triste realidad. Tendría que haber sabido protegerlo. Tendría que haberme parado a pensar.

Quería gritar, salir corriendo y matarlos a todos, pero también quería hacerme daño a mí. Me creía la salvadora del mundo y ni siquiera a él lo había podido salvar. Ese dolor indescriptible era tan diferente a cualquier otro que hubiera podido llegar a sentir.

Tenía claro que había dejado de creer, pero ahí me di cuenta de que también había perdido la fe en mí. Pensé en mi madre, en lo fuerte que fue cuando murió mi pequeña hermana. Ella decía que el Señor se llevaba a sus ángeles cuando les tocaba, no porque lo merecieran. Pero recordar eso no me tranquilizó.

Estaba cabreada conmigo misma, y con Dios.

Ella me seguía cuidando y de vez en cuando me preguntaba algo, pero yo ya no quería hablar. Estaba con ellos, sin duda, tal vez en contra de su voluntad, pero me daba igual.

Chimamanda.[6] Sin preguntarle un día me dijo su nombre. Y al escucharlo no pude evitar sonreír, era como un chiste malvado de la vida o algo así. Me decía que nuestro gran día nos esperaba y que estaba a punto de hacerse realidad.

Poco a poco recobraba mis fuerzas, aunque no me dejaban salir de esa tienda, me podía mover. Ella me trataba con cierta ternura, me trataba bien, me cambiaba cada cierto tiempo de camisón. Se seguía encargando de mi cuidado y sacaba los cubos con mis deshechos, pero yo ya no empatizaba ni llegué a sentir ninguna pena por ella. Era su trabajo, por eso estaba ahí, me decía a mí misma, pues tenía claro que no quería crear ningún lazo con nadie más.

Días después ya me encontraba mejor, con alguna secuela, pero me podía mover bien. Ella, al ver que mi estado mejoraba, habló con ellos para llevarme a otro lugar. Y lo hicieron. Era un

---

6 «Dios no fallará».

sitio diferente, esta vez con cuevas entre algunas rocas, que estaban condicionadas para «vivir».

El miedo es un gran medio para dirigir a cualquier persona, la haces maleable, la puedes pulir hasta formar el molde que quieras crear. A través del miedo y las amenazas conseguían de nosotras lo que querían. También prometían que lo que nos esperaba era mejor que cualquier cosa que pudiésemos soñar.

Recitábamos y rezábamos a diario lo que nos mandaban. Seguíamos aprendiendo día a día nuevas oraciones. Una de ellas me gustó:

> El día aterrador.
> ¿Qué es el día aterrador?
> ¿Y qué te hará comprender la magnitud del día aterrador? Ese día los hombres parecerán mariposas dispersas y no sabrán a dónde ir. Y las montañas, copos de lana cardada. Aquel cuyas obras buenas sean más pesadas que las malas, gozará de una vida placentera. En cambio, aquel cuyas obras buenas sean más livianas en la balanza que las malas, su morada estará en el abismo. ¿Y qué te hará comprender qué es el abismo del Infierno?
> Es el fuego abrasador.

Deseé con todas mis fuerzas que eso les esperase de verdad. Los imaginé a todos calcinándose en ese fuego. Pudriéndose durante toda la eternidad.

Se notaba en sus ojos que ese plan era importante. Éramos seis las elegidas, y poco a poco supuse cuál sería nuestro deber. Pero ya no era miedo lo que sentía. Tampoco sabía bien por qué lo hacía. Nos mantenían separadas siempre de las demás.

Una de esas noches, a las seis nos condujeron a otro lugar. Primero nos dieron nuevos trajes y camisones a elegir, después nos llevaron a una de las cuevas donde estaban los demás. Había una gran variedad de alimentos y bebidas, no entendía bien el porqué de todo eso, pero hacía mucho que no veía tanta comida que, hasta quedarme llena, me olvidé por un momento de lo demás.

Ellos se veían felices. Reían y cantaban.

Finalmente, uno de ellos comenzó a decir:

—Habéis sido elegidas por Alá. Comed y bebed todo lo que queráis. Él ha puesto todo esto a vuestra merced.

Y entonces lo comprendí, el precio de todo eso que nos regalaban éramos nosotras mismas, nuestra vida.

—Mañana será un día glorioso —alegó.

Esa noche no pude dormir. Ya no podía huir. Tampoco me salía llorar, la poca esperanza que tenía también la perdí, tal vez era lo mejor, tal vez era la única manera de ser libre, pero sin vivir.

Empezaba de nuevo a asumir mi lugar, intenté recordar todo lo que algún día me hizo feliz. En cada recuerdo aparecía mamá. Pero ni siquiera sus maravillosos ojos negros llenos de amor me podían calmar. Pensé en la humanidad, en cómo unos cuantos miserables hundían la fe en el ser humano, la fe en que algún día hubiese paz. Seguía sin entender si en el fondo su religión se parecía tanto a la que un día fue la mía, porque no lo veían. ¿Por qué manipulaban tanto con la verdad?

Me quería despedir de Jaddi y de mi familia, hacerle ver a mi madre que en el fondo ya sentía paz, que no se culpara por no verme más. Le quería pedir a Iakkub que la sacase de ese lugar, que junto a mi hermano Yomi buscasen la felicidad en otra parte, sin tanta maldad.

A la mañana siguiente nos separaron de dos en dos. La que me acompañaba era un poco menor que yo, y a mi lado no paraba de recitar. Estaba segura de que ese era nuestro destino, decía. Y yo no la traté de convencer. Tampoco tenía fuerzas para decirme lo contrario.

Nos montaron en coches separados, con varios de ellos alrededor. En la parte trasera iban más, y vi los cinturones que temía ver. Cada coche se alejó en diferente dirección. Después de lo que fueron horas, salimos del bosque que nos rodeaba. Volvía a ver poco a poco algo de civilización, estaba segura de que no era mi ciudad.

Me esforcé para poder leer algún cartel, pero no logré ver. «Qué cobardes», pensé, «si tuviese puesto ese cinturón ahora mismo lo apretaría con ellos a mi alrededor. Sería un buen final».

Nos acercamos a lo que supuse era el centro de esa ciudad. Podía ver cómo la gente inocente, sin saber lo que se les venía encima, hacían su vida normal. Hacía tanto tiempo que no vislumbraba lo que era algo normal. La gente reía, charlaban entre ellos, veía los colores de las telas que un día soñé tener, olía perfumes en el aire, también olores que no recordaba ya, veía niños jugando y bailando sin preocupación.

Estábamos cerca de un mercado. Aparcaron lejos de la vista de nadie. Al sacarnos del coche nos pidieron que nos subiésemos el hiyab. Lentamente me rodearon con el cinturón y, sin más, uno de ellos añadió:

—Esta es vuestra misión. Rezad antes de apretar este botón.

Y sin esperar ninguna respuesta nos dejaron ahí.

Esto sí que no lo supe ver. El miedo que sentía por si eso explotaba lentamente se evaporó al ver que yo tenía el control. Mirando a mi compañera a los ojos, le hice ver que podía elegir. Pero sin más miramientos salió corriendo y, recitando en voz alta, se perdió entre la multitud. La muchedumbre al ver nuestro ropaje se alejaba. Yo, con poco miedo aún, me decidí. Caminando lentamente llegué a la primera tienda que vi y, con lágrimas en los ojos, pedí que me ayudaran, que me diesen la dirección de alguien que lo pudiese hacer. Les intenté explicar, pero no sabía si me estaban creyendo.

El señor con pelo canoso y ojos marrones me miró de arriba abajo y entonces comprendió. Hizo el ademán de querer cogerme de la mano, pero me alejé. Cualquier movimiento brusco podía hacer detonar toda la dinamita que llevaba encima.

Y entonces, un poco más lejos de donde yo me encontraba, escuché la explosión.

El señor de la tienda, con miedo en sus ojos, me pidió que me quedase ahí. Él salió de su tienda corriendo hacia otra dirección. Escuchaba los llantos de la gente a mi alrededor, escuchaba sus gritos de auxilio.

Volví a oler el olor de la noche en la que todo esto comenzó, la pólvora mezclada con todo tipo de materiales y también el de la sangre.

El caos otra vez, las patrullas llegaban, coches locales hacían de ambulancias para poder trasladar al hospital a los heridos que quedaban.

Empecé de nuevo a sentir miedo, porque a lo mejor podrían detonar desde la distancia mi cinturón si no escuchaban una segunda explosión, a lo mejor no se accionaba solo con el botón que yo llevaba. Lloraba sin cesar, debía alejarme de ese lugar, donde no hubiese nadie a quien pudiese herir.

Me dirigí de nuevo a la puerta de la tienda cuando de pronto un coche patrulla de la policía local estacionó justo delante de la tienda de ese señor. Bajaron unos cuantos policías armados. Uno de ellos, que vestía como una especie de traje protector y portaba una caja de un material que no distinguí, se acercó a mí. Los demás intentaban alejar a cualquiera que pasara por ese lugar.

Sin mediar palabra, lentamente me quité el hiyab, podía ver el miedo en todos ellos, pero el policía, con sumo cuidado, me despojó del cinturón. Y lo metió en la caja que llevaba.

En ese momento me dejé caer. Besaba el suelo una y otra vez, lloraba fuertemente con ganas, también reía a carcajadas. Les abracé a todos, les besaba también. Ellos me empujaban al ver mis gestos, pero me daba igual, les daba las gracias desde lo más profundo de mi corazón. Agradecí porque no hubiese ningún herido más.

No me lo podía creer. Estaba a salvo, por primera vez. Tampoco comprendía bien sus estupideces, porque pretendían dejarnos ahí y que detonáramos sin más. Confiaban ciegamente en sus amenazas y en que todas accionaríamos el botón. Algunas lo habían hecho, sí, pero podíamos elegir.

Pero ese momento de alegría se tornó de nuevo en oscuridad. Uno de los policías me empujó hacia el coche y me encerró. Especulaban algo sobre qué había Pensaron que solo era un cebo para otros atentados más, o para otro plan.

Minutos después me condujeron a la central.

Después me despojaron de toda mi ropa, para asegurarse de que no portaba nada más, frente a ellos, sin ningún tipo de intimidad. Me dieron algo que ponerme y me empezaron a interrogar.

Les conté todo lo que me había sucedido sin excepción. Pero por más que lo intentaba, ellos solo me juzgaban y preguntaban por los otros que me acompañaban ese día.

«Tienes que saber dónde están». Cómo podría saberlo si ni siquiera sabía dónde estaba yo.

Finalmente, me preguntaron mi nombre real, y hasta no verificar mi identidad me volvieron a encerrar. Ese zulo era peor que cualquier tienda que recordara, al menos en las tiendas entraba el sol, pero ahí no había ni un rayo de luz.

Grité y supliqué durante horas que me dejaran volver a mi hogar. Pero ellos también guardaban otros planes para mí.

A la mañana siguiente uno de los policías que abrió la puerta portaba una fotografía en la mano, la miraba varias veces y después me miraba a mí.

—Estás un poco cambiada, pero eres tú. —Sonrió.

Todo había terminado por fin, pensé. Tenían órdenes del Gobierno central, cada niña rescatada debían llevarla al mismo lugar.

Ese mismo día, pasando por alto todas mis súplicas para devolverme a mi casa, me llevaron al centro de Abuya, donde se encontraban todas las demás.

Sentí un poco de tranquilidad, pero era inevitable pensar que aún seguía presa, pero en otro lugar.

El centro estaba bien. Le rodeaban militantes armados del Gobierno, por nuestra seguridad.

Después de un largo baño, empecé a sentir un poco más de paz. Al mirarme por primera vez desde hacía mucho tiempo a un espejo no pude evitar volver a llorar, recordaba mi aspecto, pero había cambiado de verdad. Tenía tantas cicatrices en el cuerpo y en el rostro que no sabía si mi familia, al verme, me iba a reconocer.

Desde el primer momento me ofrecieron psicólogos, pero por más que lo intentaba no lograba abrirme aún. Después del juicio de la policía al contarles toda mi historia no confiaba en nadie más. O tal vez ni siquiera supiese por dónde empezar

No tenía manera de contactar con mi madre y tampoco recordaba el número de Yomi. Lo tuve grabado en mi mente tantas veces que fuimos a la ciudad para llamarle, no entendía cómo lo había podido olvidar.

Compartía cuarto con otra chica que fue liberada meses atrás, llevaba tiempo esperando ver a sus familiares, pero, por órdenes del Gobierno y los pocos recursos de los que disponía su familia para trasladarse, aún no se había dado el encuentro.

Nos daban actividades al aire libre para poder disfrutar.

Un día, terminando unas actividades con algunas chicas, escuché un grito alrededor:

—KHUNA, KHUNA, ¿ERES TÚÚÚ?

Jaddi me miraba desde lejos. No me lo podía creer, Jaddi estaba ahí, aún seguía ahí.

Nos abrazamos durante horas y lloramos tanto de pena como de felicidad. Me contó que la habían liberado después de unos ataques en su campamento, que ninguno de ellos la había hecho su esposa porque era mayor.

Ese mismo día llamamos a su padre, que había comprado un móvil después de visitarla aquí una vez. Esa vez mi madre llegó con ellos, solo para preguntarle a Jaddi si sabía de mí. Su padre podría avisarla ya que no vivían lejos de nuestro hogar. Esa era mi madre, aunque no escuchó mi nombre junto con el de las chicas liberadas, había venido hasta La Capital solo para preguntarle a Jaddi por mí.

Los días en el centro eran pasables, recibíamos la ayuda necesaria para volver a la normalidad. Pero no creo que jamás pueda volver a ser normal, las cicatrices externas se pueden maquillar, pero las demás no se van.

Una de nuestras terapias era escribir, una especie de desahogo interno. Pero no creo que haya palabras exactas que describan todo ese dolor.

El día que abracé a mi madre otra vez, ese día volví a tener fe. Le agradecí a Dios con todo el corazón. Y me juré que contaría mi historia, nuestras historias. No podían quedar en el olvido. No nos pueden olvidar, eso sí que significaría dejarles ganar. Y jamás les dejaremos ganar.

Por vosotras, por nosotras y por las que ya no están.

14.
Transcurso posterior

En las primeras horas del inicio del secuestro casi 57 niñas lograron saltar de los camiones y coches en los que fueron transportadas, las 219 restantes quedaron en manos de sus captores. Decenas de ellas fueron vendidas por los militantes a grupos extremistas, tanto del Chad como de Camerún. Muchas de ellas fueron amenazadas con la muerte en el caso de no unirse a la organización, y muchas la encontraron por negarse. Otras tantas fueron obligadas a convertirse y a casarse con los soldados del grupo.

El Gobierno nigeriano, junto con varias organizaciones, ha liberado a un total de 107, a cambio de negociaciones con este grupo.

Después de nueve años de su secuestro, la mitad de las niñas aún no han sido liberadas. Muchos de los familiares han muerto esperando a que algún día volverían a ver a sus hijas.

Más de 27.000 personas han sido asesinadas por este grupo y más de 2.000.000 han sido desplazadas de sus hogares por culpa de los ataques perpetrados.

La administración del Gobierno no ha logrado poner fin a la violencia desde hace más de una década, y se siguen haciendo ataques cada vez mayores a bases militares y ciudades estratégicas.

El grupo, después de la muerte de su líder, ha nombrado a otro, que sigue prófugo a día de hoy. Continúan armados y lanzando ataques en el noreste del país.